BEI GRIN MACHT SICH IHR
WISSEN BEZAHLT

- Wir veröffentlichen Ihre Hausarbeit,
  Bachelor- und Masterarbeit

- Ihr eigenes eBook und Buch -
  weltweit in allen wichtigen Shops

- Verdienen Sie an jedem Verkauf

Jetzt bei www.GRIN.com hochladen
und kostenlos publizieren

Alexander Dumitru

Hospitäler im Mittelalter

Das St. Nikolaus-Hospital als Beispiel für eine private Stiftung im Spätmittelalter

GRIN Verlag

Bibliografische Information der Deutschen Nationalbibliothek:

Die Deutsche Bibliothek verzeichnet diese Publikation in der Deutschen National-
bibliografie; detaillierte bibliografische Daten sind im Internet über http://dnb.d-
nb.de/ abrufbar.

Impressum:

Copyright © 2010 GRIN Verlag, Open Publishing GmbH
Druck und Bindung: Books on Demand GmbH, Norderstedt Germany
ISBN: 978-3-640-68339-0

Dieses Buch bei GRIN:

http://www.grin.com/de/e-book/155593/hospitaeler-im-mittelalter

Inhaltsverzeichnis

A) Vorwort

In der folgenden Hausarbeit beschäftige ich mich mit dem Hospitalwesen im Mittelalter. Ich beschränke mich dabei auf den abendländischen Kulturkreis und versuche einen Überblick über jenes Hospitalwesen zu geben.

Ich setzte mich mit dem Ursprung des Hospitalwesens auseinander, das eine Manifestation des christlichen *caritas-* Gedankens seit dem Frühmittelalter darstellte. Ich werde die ursprünglichen Funktionen der Hospitäler darlegen und ebenso den Wandel, dem das Hospitalwesen im Laufe der Jahrhunderte unterworfen war, darstellen, die unterschiedlichen Differenzierungen und Spezialisierungen, welche der Hospitalgedanke erlebte, sollen hier aufgeführt werden. Von der Gründung spezieller Spitalorden im Zuge der Kreuzzüge durch die Ritterorden, bis hin zu den bürgerlichen Spitalorden, die später die Ausübung christlicher Nächstenliebe in die eigene Hand nahmen. Drei näher erläuterte Spitalorden sollen diesen Aspekt näher verdeutlichen.

Das durch den Universalgelehrten und Kardinal Nikolaus zu Kues im Jahre 1458 gegründete Cusanus- Stift in Bernkastel- Kues (St. Nikolaus- Hospital) soll hier als Beispiel für die Stiftung eines Armenspitals durch private Wohltätigkeit im Spätmittelalter dienen.

Den Abschluss dieser Arbeit bilden ein Fazit, in dem ich die während der Arbeit gewonnenen Kenntnisse nocheinmal kurz resümiere und eine zusammenfassende allgemeine Darstellung geben werde, sowie ein Literaturverzeichnis.

B) Das St. Nikolaushospital in Kues

Beispiel für die Stiftung eines Altenspitals im Spätmittelalter

1) Einleitung

Die ersten hospitativen Einrichtungen in Westeuropa, die sich nach den Grundsätzen christl. *caritas* um Bedürftige kümmerten, entstanden zwischen dem 4. und dem 7. Jahrhundert und waren in aller erster Linie Pilgerherbergen (*Xenodochien*) die Obdach, Nahrung und Kleidung boten.[1]

Erst die sog. *Aachener Regel (Institutiones Aquisgranenses)*, von 816 von Kaiser Ludwig d. Frommen auf der Aachener Synode erlassen, verhalf der Institutionalisierung christl. Nächstenliebe endgültig zum Durchbruch. Diese *Institutiones Aquisgranenses* legten u. a. fest, dass jedes Kloster und jedes Kollegialsstift ein eigenes Hospital einrichten sollte.

In Anknüpfung an die Aachener Regel entstanden allmählich hospitalische Einrichtungen in großer Zahl.[2]

1. 1) Verlagerung soziale Aufgaben von Familie, Kirche und Grundherrschaft auf andere Institutionen

Durch den Beginn der Kreuzzüge und den zunehmenden Pilgerfahrten sowie dem Anwachsen der Städte seit Hochmittelalter und der Zunahme des internationalen Handels, durch die Spezialisierungen die im 12. Jh. in allen Bereichen des Lebens auftraten, wurden viele Menschen vom Lande weggezogen und wanderten in die Stadt aus, was dazu führte, dass die Familie ihrer Fürsorge- und Sicherungsfunktion nicht mehr in gleichem Maße nachkommen konnte wie bisher.[3]

Durch die eben beschriebenen Veränderungen zeigten sich neue Perspektiven und Herausforderungen für das im Umbruch begriffene karikative Gesamtgefüge.[4]

Diese Umstände verlangten nun, dass andere Institutionen die Aufgaben übernahmen, die bis dahin Familie, Kirche und Grundherrschaft erfüllt hatten, nämlich die Versorgung und Wiederherstellung im Falle von Krankheit, Invalidität und Alter.

---

[1] Kay Peter Jankrift: Krankheit und Heilkunde im Mittelalter.
[2] Kay Peter Jankrift: Krankheit und Heilkunde im Mittelalter.
[3] Jesko v. Steynitz: Mittelalterliche Hospitäler der Orden und Städte als Einrichtungen der sozialen Sicherung, S. 16ff.
[4] Kay Peter Jankrift: Krankheit und Heilkunde im Mittelalter. S. 52.

Die sozialen Aufgaben gingen in erster Linie auf die neu entstandenen geistlichen und weltlichen Spitalorden und später in den Städten auf die Stadtverwaltung über.[5]

2) Hospitäler im Mittelalter

Die Einrichtungen derer die Orden und Städte sich bedienten, waren die Hospitäler. Diese wurden entweder bereits vorhanden aus den Händen der Kirche übernommen, oder durch private Wohltätigkeit neu gegründet.

2. 1) Die ursprüngliche Hospitalidee

Die Hospitäler im Mittelalter hatten einen anderen Charakter als heutzutage: es waren keine medizinische Heilkliniken im heutigen Sinne, sondern Pflegeanstalten für Hilfsbedürftigkeit aller Art mit durchweg kirchlichem Charakter.

Das Hospital entsprach mehr dem Typ des *Xenodochiums,* in dem zwar auch Kranke aufgenommen und gepflegt wurden, aber sich in aller erster Linie der Versorgung von Reisenden und Pilgern widmete.[6]

2. 2) Die verschiedenen Arten von Hospitäler

Im 11. und 12. Jh. erfolgte eine allmähliche Differenzierung innerhalb der Funktionen der Hospitäler, der umfassende Charakter der *Xenodochien* verlor sich allmählich und eine gewisse Unterscheidung der vornehmlichen Aufgaben der Spitäler erfolgte. Es wurden nun separate Armenhäuser, Pfründnerhäuser sowie Leprosorien gegründet, wobei letztere nicht als Hospital galten und aufgrund der Ansteckungsgefahr immer außerhalb der Stadtmauern lagen.[7]

Die großen Seuchen des Mittelalters wie Pest, Lepra, Blattern od. Cholera ließen selbst in den kleinsten Städten und Ortschaften spezielle Anstalten für die Aussätzigen entstehen. Dabei wurden die Kranken jedoch keiner Behandlung unterzogen, man wollte sie nur von der übrigen Bevölkerung separieren, um Ansteckungen zu verhindern.

Wegen dieser Ansteckungsgefahr lagen derartige Hospitäler meist außerhalb der Städte.[8]

---

[5] Jesko v. Steynitz: Mittelalterliche Hospitäler der Orden und Städte als Einrichtungen der sozialen Sicherung, S. 17ff.

[6] Jesko v. Steynitz: Mittelalterliche Hospitäler der Orden und Städte als Einrichtungen der sozialen Sicherung, S. 18ff.

[7] Jesko v. Steynitz: Mittelalterliche Hospitäler der Orden und Städte als Einrichtungen der sozialen Sicherung, S. 18.

[8] Jesko v. Steynitz: Mittelalterliche Hospitäler der Orden und Städte als Einrichtungen sozialer Sicherung, S. 19.

2. 3) Ritterliche und bürgerliche Spitalorden

a) Johanniter-Orden

Als Beispiel für einen Ritterorden, der sich der Armenfürsorge und der Unterbringung von Pilgern widmete, soll hier der Johanniter-Orden (Orden vom Spital des heiligen (St.) Johannes zu Jerusalem (*Ordo Hospitalis sancti Johannis Ierosolimita*ni), aufgeführt werden. Dieser Orden ging auf die Hospitalgründung italienischer Kaufleute im späten 11. Jahrhundert zurück. Diese Händler aus Amalfi wollten für ihre Glaubensbrüder aus Europa, die Pilgerfahrten ins Heilige Land unternahmen, in Jerusalem ein Hospital gründen.[9] Nach der Eroberung der Stadt durch die Kreuzritter im Jahre 1099 ging die Trägerschaft des Hospitals auf den neu gegründeten Johanniter-Orden als einer Spitalbruderschaft über. Unter dem Franzosen Raimund de Puy vollzog sich ab 1120 die Umwandlung zum geistlichen Ritterorden.[10]

b) Antonius-Orden

Der *Antonius- Orden* oder *Antoniter-Orden* wurde im Jahre 1095 in Frankreich gegründet und widmete sich vor allem den am Antonius-Feuer Leidenden.

Antonis-Feuer entstand durch Verzehr des Mutterkorn-Pilzes, welcher Roggen befiel. Ursprünglich der Pflege von heimkehrenden Pilgern gewidmet, konzentrierte sich die Tätigkeit der Antoniter ab 1217 vor allem der Krankenpflege. Durch seine Erfolge bei der Heilung des Antoniusfeuers breitete sich der Orden in den Folgejahren über Frankreich hinaus aus.

Im 15. Jahrhundert unterhielten die Antoniter annähernd 370 Spitale in ganz Europa.[11]

c) Heilig- Geist- Orden

Mit dem Nachlassen der Kreuzzugsbewegung und der damit verbundenen geringer werdenden Bedeutung der Ritterorden, gingen karikative Aufgaben auf bürgerliche Spitalorden über.[12]

Gegen Ende des 12. Jahrhunderts wurde in Südfrankreich ein Hospital für Arme, Kranke, Sieche, Pilger und Waisen gegründet. In diesem Zusammenhang entstand eine Laienbruderschaft, die sich der Pflege und Versorgung der Spitalinsassen widmete.

---

[9] Kay Peter Jankrift: Krankheit und Heilkunde im Mittelalter, S. 52.
[10] Walter G. Rödel: Die Ritterliche Orden St. Johannis vom Spital zu Jerusalem. Ein Abriss seiner Geschichte.
[11] Kay Peter Jankrift: Krankheit und Heilkunde im Mittealter, S. 55.
[12] Jesko v. Steynitz: Mittelalterliche Hospitäler der Orden und Städte als Einrichtungen sozialer Sicherung, S. 74.

Gewidmet war sie dem Heiligen Geist, der als die Verkörperung der göttlichen Liebe und Barmherzigkeit, als *pater pauperum*, als *consolator optimus* angesehen wurde.[13]

C) Das St. Nikolaus-Hospital zu Kues- Beispiel für die Stiftung eines Altenspitals im Spätmittelalter

3) Nikolaus von Kues- sein Leben

Nikolaus von Kues war ein berühmter, universal gebildeter deutscher Philosoph, Theologe und Mathematiker. Auch in der Kirchenpolitik spielte er als Kardinal (ab 1448), päpstlicher Legat und ab 1450 Fürstbischof von Brixen eine bedeutende Rolle, insbesondere in den Auseinandersetzungen um die Kirchenreform. Er gehörte zu den ersten deutschen Humanisten in der Epoche des Übergangs zwischen Spätmittelalter und Früher Neuzeit.

Nikolaus von Kues wurde im Jahr 1404 als Sohn eines wohlhabenden Flussfischers zu Kues im Bistum Trier geboren.

In Heidelberg immatrikulierte er sich 1416 in der Artistenfakultät der dortigen Universität, in der damals der Nominalismus die vorherrschende philosophische Richtung war. Im folgenden Jahr verließ er Heidelberg. Wahrscheinlich 1420 ging er nach Padua zum Studium des Kirchenrechts, das er 1423 mit der Promotion zum *doctor decretorum* („Doktor der Dekrete") abschloss. In Padua knüpfte er Kontakte zu Persönlichkeiten, die in der Folgezeit prominente Kirchenmänner wurden, den späteren Kardinälen Giuliano Cesarini und Domenico Capranica. Dort schloss er auch eine lebenslange Freundschaft mit dem bedeutenden Mathematiker und Astronomen Paolo dal Pozzo Toscanelli.[14]

Spätestens Anfang Februar 1425 war Nikolaus wieder in Kues. Er trat in den Dienst des dort zuständigen Erzbischofs von Trier, Otto von Ziegenhain, in dessen Auftrag er 1427 seine erste Romreise unternahm. Otto machte ihn zu seinem Sekretär.

Damaligem Brauch entsprechend hatte Nikolaus geistliche Ämter inne, ohne die entsprechenden Weihen zu besitzen; die Priesterweihe erhielt er erst zwischen 1436 und 1440. Nikolaus von Kues wurde später päpstlicher Gesandter in Deutschland und in Konstantinopel. Im Jahr 1448 wurde er zum Kardinal ernannt und zwei Jahre später zum Bischof von Brixen geweiht.

---

[13] Jesko v. Steynitz: Mittelalterliche Hospitäler der Orden und Städte als Einrichtungen sozialer Sicherung, S. 75.
[14] Rudolf Haubst: Art. Nikolaus v. Kues, Bd. 6, 1993, Sp. 1181.

Im Sommer 1464 wurde Nikolaus im Rahmen des von Pius II. betriebenen Kreuzzugsprojekts gegen die Türken beauftragt, sich um eine Schar von 5000 mittellosen und zum Teil erkrankten Kreuzfahrern zu kümmern, die zwischen Rom und Ancona, von wo die Flotte in See stechen sollte, umherirrten. Unterwegs starb er am 11. August in Todi. Sein Leichnam wurde sogleich nach Rom überführt und in seiner Titelkirche *San Pietro* in Vincoli beigesetzt; sein Herz jedoch wurde auf seinen Wunsch in der Kapelle des von ihm und seinen Geschwistern 1458 gestifteten St. Nikolaus-Hospitals (*Cusanusstift*) in Kues bestattet.[15]

3. 1) Das St. Nikolaus- Hospital

Trotz der vielen Reisen, die Nikolaus von Kues weit von seiner Heimat wegführten, wollte er dort seinen Lebensabend verbringen. Er beschloss, dem Heiligen Nikolaus an Stelle einer älteren Kapelle, eine neue, eine dem Schutzpatron der Schiffer und somit auch seiner Familie angemessenere zu bauen, und bei der Kapelle ein Hospital zu errichten, dass 33 Armen als Asyl für ihren Lebensabend dienen sollte.

Die Hospitalgründung wurde von dem Kardinal und dessen jüngeren Geschwistern schon zu Lebzeiten des Vaters betrieben, gewann aber erst feste Formen, als sie durch dessen Tod in Besitz seiner Hinterlassenschaft gekommen waren.[16]

Die Stiftungsurkunde stellte von Kues in seiner Funktion als Kardinal am 3.Dezember 1458 aus. Kanonisch errichtet wurde das Hospital erst durch die päpstliche Bulle im Januar 1459. Das Hospital wurde somit unmittelbar dem Heiligen Stuhl unterstellt.[17]

Die Gründungsurkunde lautete folgender Maßen:

„Wir bestimmen und verordnen, dass in dem genannten, von uns, wie erwähnt, gebauten, errichteten, dotierten und gegründeten St. Nikolaus- Hospital immerfort und beständig unterhalten werden dreiunddreißig Arme, nach der Zahl der Jahre, die Christus, unser Erlöser, auf Erden zugebracht hat, nämlich abgearbeitete Greise von fünfzig Jahren, und darüber, nur männlichen Geschlechtes, von ehrlichem Rufe, Berufe, Lebenswandel und Namen, niemandem dienst- oder schuldpflichtig, freien Standes, nicht verheiratet, wenn verheiratet, nur für den Fall, dass ihre Frauen ins Kloster gehen, oder für ihren Lebensunterhalt die Hilfe ihrer Männer nicht bedürfen, oder so alt sind, dass nicht der Verdacht aufkommen kann, dass sie sich ihrer Männer entledigen wollen, und für den Fall, dass sie sich besser ohne ihre Männer durchbringen können. (…) Die Aufzunehmenden

---

[15] Rudolf Haubst: Art. Nikolaus v. Kues, in: LexMa, Bd. 6, 1993, Sp. 1182.
[16] Hans Vogts: Hospital St. Nicolaus zu Cues, S. 7.
[17] Das Werk des Nikolaus Cusanus. Eine bibliophile Einführung, S. 111.

sollen aus der DiözeseTrier und aus den Orten stammen, welche dem Hospital näher liegen.
Es werden sich im Hospitale finden, (…), sechs Priester, sechs Adlige und einundzwanzig
gemeine Leute. Es ist unser Wille, dass ihre Zahl niemals vermehrt werde, (…). "[18]

„Wir bestimmen, dass alle Armen, auch die Priester und die Adligen, bei ihrer Aufnahme ins
Hospital, in die Hand des Rektors das Gelöbnis ablegen sollen, dass sie Keuschheit,
Gehorsam und Treue bewahren (…)wollen.[19]

3. 2) Das St. Nikolaus- Hospital als Herrschaftsträger

Man darf das Cusanusstift nicht nur als bloße karikative Einrichtung verstehen, sondern auch
als Herrschaftsträger.[20] Das Bestreben eines jeden Stifters musste es sein, die Dauerhaftigkeit
seiner Gründung abzusichern.

Abgesehen von der Bedeutung der ökonomischen Ausstattung wurde diese Dauerhaftigkeit
nicht zuletzt durch die Rechte und die Schutzmächte bestimmt, die Nikolaus von Kues für
sein Hospital gewinnen konnte. Er musste dabei von Beginn an bedenken, wie sich die
Gründungsbestimmungen über seinen eigenen Tod hinaus bewahren ließen.

Das Cusanusstift musste in einem Netz, bestehend aus rechtlichen, sozialen und
wirtschaftlichen Komponenten verankert sein, das nicht nur durch seinen Stifter an das
Umfeld angeknüpft war, sondern über weitere tragfähige Verbindungen verfügte. Nikolaus
von Kues sorgte sich also um die Position seines Hospitals zu dem Herrschaftsgefüge seines
Umfeldes.

Der Rechtsstatus und die Struktur des St. Nikolaus-Hospitals wurden um die Jahreswende
1458/ 9 bestimmt. 1459 eximierte, bzw. befreite Papst Pius II. das Hospital aus dem
Diözesan- und Pfarrverband des Bistums Trier.

Das St. Nikolaus- Hospital sollte nach dem Willen seines Stifters nur dem päpstlichen Stuhl
unterstellt sein und aus der *Jurisdiktion,* dem *Dominium* und der *Potestas* der Trierer
Erzbischöfe völlig ausgenommen sein.[21]

---

[18] Das Werk des Nikolaus Cusanus, S. 111ff.
[19] Gottfried Kortenkamp: Die Urkunden des St. Nikolaus-Hospitals, S. 106.
[20] Meike Hensel Grobe: Funktion und Funktionalisierung: Das St. Nikolaus-Hospital zu Kues (…), S. 196.
[21] Meike Hensel Grobe: Funktion und Funktionalisierung: Das St. Nikolaus-Hospital zu Kues (…), S. 195ff.

D) Fazit

Die vorliegende Hausarbeit behandelte das Thema der Hospitäler im Mittelalter, ihre Geschichte und Entstehungsweisen, die unterschiedlichen Arten von Hospitäler sowie Motive für ihre Gründung und ihre Funktion und Bedeutung innerhalb der mittelalterlich-christlichen Gesellschaft des Abendlandes.

Als konkretes Beispiel für die Stiftung eines Altenspitals durch private Wohltätigkeit führte ich das St. Nikolaus Hospitals zu Kues durch den Kardinal Nikolaus Cusanus im 15. Jahrhundert an.

Wie unterschiedlich Bauweise und Funktion der einzelnen Hospitäler auch war, immer wurde versucht die eine Forderung zu erfüllen: Seele und Körper der Spitalinsassen in gleichem Maße zu versorgen.

Hospitäler dienten im Mittelalter in erster Linie der Fürsorge und nicht der Heilung. Die körperlichen Leiden sollten zwar nach Möglichkeit gelindert aber vorallem sollte die Seele gefestigt werden.

Unter dem Begriff Hospital war zu allererst eine Herberge zu verstehen, die Reisenden und Pilgern Nahrung, Kleidung und Obdach bot und damit den Grundsätzen christlicher *caritas* und Barmherzigkeit entsprach.

Die Medizin spielte im mittelalterlichen Hospital eine untergeordnete Rolle. Auch die Kranken waren nur eine der Gruppen, die in hospitalischen Einrichtungen verschiedener Art untergebracht waren.

Auch wenn ein Haus noch den Titel ‚Hospital' führte, versorgte es schon längst keine Bedürftigen mehr, wie es auf das Cusanus- Stift zutraf, sondern beherbergte nur noch wohlhabende Bürger, welche sich ihren Platz im Hospital durch Pfründe teuer erkauft hatten, bzw.

E) Literaturverzeichnis

Bulst, Neithard: Sozialgeschichte mittelalterlicher Hospitäler, Ostfildern 2007.

Friedrich, Arnd: Das Hospital am Beginn der Neuzeit. Soziale Reform in Hessen im Spiegel europäischer Kulturgeschichte, Petersberg 2004.

International Medieval Bibliography

- Jankrift, Kay Peter: Hospitäler und Leprosorien im Nordwesten des mittelalterlichen *Regnum Teutonicum.* Unter besonderer Berücksichtigung rheinisch- westfälischer Städte, in: Martin Scheutz (Hrsg.), Europäisches Spitalwesen. Institutionelle Fürsorge in Mittelalter und Früher Neuzeit, Wien 2008, S. 295 – 307.

Jankrift, Kay Peter: Krankheit und Heilkunde im Mittelalter, in: Geschichte Kompakt Bereich Mittelalter, Hrsg.: Martin Kintzinger, Darmstadt 2003.

Jetter, Dieter: Geschichte des Hospitals. In Sudhoffs Archiv. Vierteljahrsschrift für Geschichte der Medizin und der Naturwissenschaften der Pharmazie und der Mathematik. Beiheft 5. Franz Steiner, Wiesbaden 1966.

Kortenkamp, Gottfried: Die Urkunden des St. Nikolaus- Hospitals in Bernkastel-Kues a. d. Mosel, in: Geschichte und Kultur des Trierer Landes, Bd. 3, Trier 2003.

Lindgren, Uta: Art. Hospital, in: Lexikon des Mittelalters, Bd. 5, 1991, Sp. 133- 136.

Hensel- Grobe, Meike: Funktion und Funktionalisierung, Das St. Nikolaus- Hospital zu Kues und die Trierer Erzbischöfe im 15. Jahrhundert, S. 195- 212, in: Matheus, Michael (Hrsg.): Funktions- und Strukturwandel spätmittelalterlicher Hospitäler im europäischen Vergleich, in: Geschichtliche Landeskunde, Bd. 56, Stuttgart 2005.

Medioevo Latino, Bd. XXX, Florenz 2009.

- Böhme, Horst Wolfgang: Krankheit, Heilung und früher Tod, in: Gesund und krank im Mittelalter. Marburger Beiträge zur Kulturgeschichte der Medizin, Leipzig 2007, S. 21- 226.

Oldenbourg Geschichte Mittelalter, München 2007.

Probst, Christian: Das Hospitalwesen im Hohen und Späten Mittelalter und die geistliche und gesellschaftliche Stellung des Kranken, in: Medizin im mittelalterlichen Abendland, Hrsg. u. a. Baader, Gerhard: Wege der Forschung, Bd. 363, Darmstadt 1982, S. 260ff.

Steynitz von, Jesko: Mittelalterliche Hospitäler der Orden und der Städte als Einrichtungen der sozialen Sicherung, in: Sozialpolitische Schriften Bd. 26, Berlin 1970.